ORATÓRIA
Técnicas para falar em público
Laboratório

Serviço à Pastoral da Comunicação

Coleção Pastoral da Comunicação: Teoria e Prática

A. *Série Manuais* (aplica, na prática, os conteúdos laboratoriais realizados no SEPAC)

1. Rádio – a arte de falar e ouvir (Laboratório)
2. Jornal impresso – da forma ao discurso (Laboratório)
3. Publicidade – a criatividade na teoria e na prática (Laboratório)
4. Teatro em comunidade Rádio – a arte de falar e ouvir (Laboratório)
5. Internet: a porta de entrada para a comunidade do conhecimento (Laboratório)
6. Mídias Digitais - produção de conteúdo para a web (Laboratório)
7. Oratória: técnicas para falar em público
8. Espiritualidade: consciência do corpo na comunicação
9. Vídeo: da emoção à razão (Laboratório)
10. Mídias digitais: produção de conteúdos para a web

B. *Série Dinamizando a comunicação* (reaviva, sobretudo nas paróquias, a Pastoral da Comunicação para formar agentes comunicadores)

1. Dia Mundial das Comunicações Sociais – Maria Alba Vega
2. A Comunicação nas celebrações litúrgicas – Helena Corazza
3. Comunicação e família – Ivonete Kurten
4. Pastoral da Comunicação: diálogo entre fé e cultura – Joana T. Puntel e Helena Corazza
5. Homilia: a comunicação da Palavra – Enio José Rigo
6. Geração Net: relacionamento, espiritualidade, vida profissional – Gildásio Mendes

C. *Série Comunicação e cultura* (oferece suporte cultural para o aprofundamento de temas comunicacionais)

1. Cultura midiática e Igreja: uma nova ambiência – Joana T. Puntel
2. Comunicação eclesial: utopia e realidade – José Marques de Melo
3. INFOtenimento: informação + entretenimento no jornalismo – Fábia Angélica Dejavite
4. Recepção mediática e espaço público: novos olhares – Mauro Wilton de Sousa (org.)
5. Manipulação da linguagem e linguagem da manipulação: estudando o tema a partir do filme *A fuga das galinhas* – Claudinei Jair Lopes
6. Cibercultura sob o olhar dos Estudos Culturais – Rovilson Robbi Britto
7. Fé e Cultura; desafio de um diálogo em comunicação – Celito Moro
8. Jovens na cena metropolitana: percepções, narrativas e modos de comunicação – Silvia H. S. Borelli, Rose de Melo Rocha, Rida de Cássia Alves de Oliveira (org.)
9. Comunicação: diálogo dos saberes na cultura midiática – Joana T. Puntel
10. Igreja e sociedade. Método de trabalho na comunicação – Joana T. Puntel
12. Os Papas da comunicação: estudo sobre as mensagens do Dia Mundial das Comunicações – Joana T. Puntel e Helena Corazza
13. Comunicar a memória: jornalismo no coração da Amazônia – Joana T. Puntel

SEPAC – Serviço à Pastoral da Comunicação

ORATÓRIA
Técnicas para falar em público
Laboratório

Paulinas

Dados Internacionais de Catalogação na Publicação (CIP)
(Câmara Brasileira do Livro, SP, Brasil)

Oratória : técnicas para falar em público : laboratório / SEPAC - Serviço
à Pastoral da Comunicação. – 6. ed. – São Paulo : Paulinas, 2012. –
(Coleção pastoral da comunicação : teoria e prática. Série manuais)

Bibliografia.
ISBN 978-85-356-3324-5

1. Falar em público 2. Oratória - História I. SEPAC - Serviço à
Pastoral da Comunicação. II. Série.

12-10996   CDD-808.51

Índices para catálogo sistemático:

1. Arte de falar em público : Retórica   808.51
2. Falar em público : Retórica   808.51

6ª edição – 2012
6ª reimpressão – 2025

Organização: *Equipe do SEPAC*

Elaboração do texto: *Emílio Gahma e Luiza Albuquerques*

Direção-geral: *Flávia Reginatto*

Editora responsável: *Luzia Sena*

Copidesque: *Mônica Elaine G. S. da Costa*

Coordenação de revisão: *Andreia Schweitzer*

Revisão: *Leonilda Menossi e Ana Cecilia Mari*

Direção de arte: *Irma Cipriani*

Gerente de produção: *Felício Calegaro Neto*

Fotos: *Emílio Gahma e Luiza Albuquerques*

Capa e projeto gráfico: *Cristina Nogueira da Silva*

Nenhuma parte desta obra poderá ser reproduzida ou transmitida por qualquer forma e/ou
quaisquer meios (eletrônico ou mecânico, incluindo fotocópia e gravação) ou arquivada em
qualquer sistema ou banco de dados sem permissão escrita da Editora. Direitos reservados.

Paulinas
Rua Dona Inácia Uchoa, 62
04110-020 – São Paulo – SP (Brasil)
Tel.: (11) 2125-3500
paulinas.com.br – editora@paulinas.com.br
Telemarketing e SAC: 0800-7010081

© Pia Sociedade Filhas de São Paulo – São Paulo, 2006

Serviço à Pastoral da Comunicação (SEPAC)
Rua Dona Inácia Uchoa, 62
04110-020 – São Paulo – SP (Brasil)
Tel.: (11) 2125-3500
sepac.org.br – sepac@paulinas.com.br

Sumário

Introdução 7

Oratória 9

O orador 11

    Demóstenes: o grande orador de Atenas................ 11

    Qualidades de um orador.............................. 13

        A preocupação com o ouvinte 13

        Disciplina 14

O exercício da liderança.................................... 17

    O orador como líder 17

    O corpo em comunicação............................. 18

        O olhar... 23

        Os gestos.. 25

A organização das ideias num discurso 27

    Modelos de discurso 28

        1º Modelo – Rápido e objetivo.................... 28

        2º Modelo – Para plateia resistente e dispersa..... 30

        3º Modelo – O discurso patético 32

Persuadir ou convencer.................................... 43

A voz 47

    Ressonância 47

    Exercícios de desaceleração........................ 47

    Respiração 47

        Exercícios de respiração 48

Treinamento para obter fôlego 49

Exercícios de articulação 51

Dicas de boa educação vocal 53

Bibliografia recomendada 55

Introdução

Relutei muito em escrever sobre a arte da oratória por estar convencido de que um livro não é capaz de substituir o professor, sempre atento às características particulares de cada aluno, potencializando cada parte já existente na personalidade dele, para torná-lo um orador consciente.

Considero que um verdadeiro curso de oratória deve primar pelo autoconhecimento e evitar os clichês. Há muitos cursos que ensinam "fórmulas" sobre a arte de falar em público, com tipos padronizados de discursos, em que os alunos ensaiam posturas e assumem o estereótipo de um orador. O resultado é uma porção de oradores articulando palavras de maneira carregada, lembrando alguns locutores de futebol, sorrindo incansavelmente, sem a menor naturalidade, fazendo o gênero "simpático". Enfim, podem ser comparados a um pelotão de soldados uniformizados marchando. Eficientes, mas todos iguais.

A minha busca tem sido estimular o aluno a ampliar o seu material expressivo, tornando-se ele mesmo, sem precisar assumir um "tipo" ao falar em público.

O verdadeiro orador tem estilo e graça. É espontâneo e não faz nada que destoe de sua imagem natural. Lapidada com cuidado e carinho.

Procurei, no presente manual, colocar algumas informações importantes para o estudante de oratória preocupado com o seu aprimoramento. Informações estas que estimulam a iniciativa e desafiam o intelecto, pois o bom orador é, antes de tudo, uma "voz que pensa" e atua, decisivamente, sobre sua plateia.

Emílio Gahma

Oratória

Segundo o filósofo grego Aristóteles, *oratória é um método do discurso*. A retórica – um dos elementos do discurso – vale-se da oratória para convencer o interlocutor. É tida, também, como a arte de falar em público. Poderíamos sintetizar dizendo que oratória seria então o exercício do convencimento.

De acordo com o *Dicionário Houaiss da Língua Portuguesa*, a oratória é um conjunto de regras que constituem a arte do bem dizer, a arte da eloquência, da retórica. O *Dicionário Michaelis* a define como a arte de orar ou falar em público; a eloquência do foro, do púlpito ou das assembleias. Já o *Dicionário Aurélio* a conceitua como a arte de falar em público.

Apesar de concordar com essas definições técnicas sobre a oratória, prefiro classificá-la de maneira mais poética: *a oratória é uma mensagem emocional que transforma em ouvidos o coração das pessoas presentes na plateia. Ela não visa atingir somente o intelecto do ouvinte, pois é no coração deste que está guardada toda a energia que transformará as palavras em ação.*

A arte de falar em público é, antes de tudo, um ato de sedução. O verdadeiro orador tem a palavra como um tesouro, que necessita de constante polimento. Um tesouro conquistado, que não pode ser roubado e é capaz de abrir todas as portas para aquele que souber usá-lo com sabedoria.

A oratória é, ainda, uma ferramenta que, dependendo da maneira como for utilizada, pode construir ou destruir.

Foi através do discurso que muitos homens ilustres conduziram os que os escutaram rumo à construção – veja o exemplo do filósofo Sócrates –, enquanto outros o usaram para fomentar a destruição, apoiados pela ambição – assim como Hitler.

Portanto, aquele que domina a arte da oratória precisa possuir, antes de tudo, comportamento idôneo e elevado senso ético, para que possa liderar, com segurança, aqueles que serão orientados por sua palavra ou regidos por sua batuta.

Aristóteles (384-322 a.C.): considerado um dos maiores filósofos da história da humanidade, foi aluno de Platão na Academia, tutor de Alexandre, o Grande, e fundou sua própria escola – o Liceu. Foi também o primeiro a dar importância ao estudo sistemático das diversas disciplinas das artes e ciências que surgiam como entidades separadas pela primeira vez no século IV a.C., inclusive no que diz respeito à definição dos conceitos básicos e das relações entre cada uma.

Pesquisa: <http://www.paratexto.com.br/document php?id=1842>.
Foto: <http://educaterra.terra.com.br/voltaire/politica/aristoteles_politica.htm>.

O orador

Demóstenes, o grande orador de Atenas

Demóstenes: ideal humano da democracia grega. Cópia romana do original de Policleto, erigida em 280 a.C. Musei Vaticani, Braccio Nuovo. © Institut für Klassische Archäeologie und Antikensammlung.

Agora vamos percorrer o caminho histórico da oratória no Ocidente. Não podemos falar de história da oratória sem citar Demóstenes (384-322 a.C.),[1] contemporâneo de Aristóteles e considerado um dos mais ativos e combativos oradores da Antiguidade, talvez, de toda a cultura ocidental. Ele era também um político influente, numa época de grandes turbulências da história grega, quando Felipe II da Macedônia – pai de Alexandre III, o Grande – começou a interferir na política.

A história de Demóstenes é exemplo de perseverança, disciplina e superação.

Nasceu de uma família rica, mas perdeu seu pai ainda na infância e teve sua fortuna dilapidada por tutores desonestos. Era gago e possuía uma voz frágil, porém sua persistência superou a tudo. Treinava articulação declamando em voz alta, correndo pelas montanhas próximas ao mar, com a boca cheia de pedras. Aprendeu a acalmar seus pensamentos e superou a gagueira.

---

[1] Fontes pesquisadas: <http://greciantiga.org/ini/ini07-13.asp> e <http://www.paratexto.com.br/document.php?id=270>.

Plutarco conta que, certa vez, Demóstenes, para se obrigar a passar mais tempo praticando exercícios, chegou a raspar um lado da cabeça, de modo que, ao menos por vergonha, não se arriscasse a sair de casa.

Tal era sua eloquência que, segundo a tradição, depois de ouvirem seu veemente e sincero discurso a favor de um homem chamado Fórmion, os jurados se recusaram a escutar a parte contrária e deram ganho de causa a Fórmion, atitude inédita até então.

Certa vez, promovendo uma assembleia pública em Atenas para tratar de assuntos de interesses gerais, relativos à Grécia, sua pátria, Demóstenes percebeu que o público, impaciente, ia saindo sem ouvi-lo. Então, elevando a voz, disse que tinha uma história interessante para contar. Obteve, assim, silêncio e atenção, e começou:

> Senhores, certa vez um jovem, precisando atravessar o deserto, numa viagem de sua casa até uma cidade próxima, foi ao mercado e alugou os serviços de um camelo. Uma vez que tudo foi acertado com o dono do animal, iniciaram a viagem. Quando era por volta do meio-dia, o sol estava a pino, tão forte que os viajantes tiveram vontade de descansar à sombra do camelo. Infelizmente, só havia lugar para uma pessoa descansar. O dono do animal argumentava que alugara o camelo, e não a sua sombra; e o outro contra-argumentava que tendo pagado o aluguel dos serviços do camelo, pagara também o direito de usufruir de sua sombra, pois tudo quanto pertencia ao animal lhe fora alugado com ele.

A essa altura, Demóstenes levantou-se e fez menção de retirar-se. Imediatamente a multidão protestou, querendo ouvir o resto da história. Foi então que o grande orador, erguendo-se em toda a sua altura, e encarando com firmeza o auditório, protestou:

Atenienses! Que espécie de homens são, que não têm tempo de ouvir um assunto que afeta a toda a coletividade, mas encontram disposição para saber do destino da sombra de um camelo?

Em seguida, retomou seu discurso, diante de um auditório envergonhado e atento que não quis mais saber o fim da história da sombra do camelo.

Este relato nos mostra um orador com um raciocínio agudo, alerta aos menores movimentos da plateia e com uma capacidade de improviso imediata, fruto de treino, preparação e perseverança.

Demóstenes foi um exemplo vivo do provérbio latino que diz: "O poeta nasce feito, o orador se faz".

Qualidades de um orador

A preocupação com o ouvinte

É importante que o orador esteja profundamente preocupado com o público, uma vez que estará lidando com pessoas cujo único ponto em comum talvez seja apenas o interesse pelo assunto a ser exposto por ele. O sucesso do orador dependerá dessa premissa. O tagarela leva em conta somente o que fala, não se importando com quem ouve. Ele embarca em suas próprias palavras, sem se preocupar com o destino da viagem. Não quer saber se está sendo ouvido, pois está muito ocupado ouvindo a si mesmo.

O verdadeiro orador não comete esse erro. Ele tem consciência de que tão importante quanto as suas palavras é o destino delas. Agindo desta maneira, sabe que conseguirá captar a atenção de sua plateia, estabelecendo com os ouvintes uma ligação, uma relação, que permitirá que o seu discurso surta bom efeito.

A interação entre orador e plateia é o seu trunfo principal e isso acontece pela junção de dois elementos importantíssimos: *a concentração e a atenção*. Alguns consideram ambas a mesma coisa, mas aí é que se enganam.

O orador deve estar concentrado em seu discurso e, ao mesmo tempo, atento ao seu auditório. Tudo o que ocorre durante o discurso deve interessar profundamente ao orador, pois representa uma resposta imediata do efeito de suas palavras sobre a plateia, naquele exato momento. Um exemplo claro do exercício da atenção aliado à concentração temos no discurso de Demóstenes, anteriormente mencionado, quando, diante da dispersão da plateia, muda, imediatamente, a temática de sua fala para contar a história da sombra do camelo.

Disciplina

É fundamental que o palestrante tenha disciplina necessária para, periodicamente, exercitar mente e corpo, suas principais ferramentas expressivas no exercício da oratória. Seu corpo precisa estar em forma, com a postura bem alinhada, articulações bem tonificadas com exercícios de alongamentos e a voz bem treinada através de exercícios de articulação e respiração, para que seja projetada satisfatoriamente durante um discurso. Já sua mente necessita de estímulos diários, por meio de novas informações que a manterão desperta e em constante atividade.

O cérebro humano ainda é um grande mistério para a ciência que, diariamente, descobre novas facetas deste complexo e sofisticado computador que ganhamos de presente logo que nascemos. Mas, cada vez mais, uma certeza existe em relação à nossa mente: quanto mais a usamos, mais ela se desenvolve. O constante uso de nossas funções cerebrais ajuda, inclusive, na prevenção de doenças degenerativas ligadas à senilidade (demência, esclerose etc.).

Existem diversas formas de estimular, diariamente, nossa mente:

- Manter-nos constantemente bem informados, através da leitura de jornais e revistas.
- Ouvir rádio, para estimular o nosso imaginário. Quando ouvimos uma história ou uma notícia, nossa mente, automaticamente, aciona o seu mecanismo de visualização.
- Estar em contato com diversas formas de artes – teatro, música, artes plásticas, dança e cinema. Estas manifestações culturais trabalham diretamente com a expressão dos sentimentos do artista e desenvolvem, no espectador, um senso estético que não pode ser descrito conceitualmente, mas estimula a sua inteligência emocional, expandindo outras áreas de sua mente.
- Observar o cotidiano e praticar o incessante estudo do comportamento humano.

Para finalizar, existe um outro instrumento que o orador deve cuidar, além do corpo, da voz e do intelecto: o seu carisma. O carisma do orador é fruto de uma série de elementos, que estão ligados tanto ao conteúdo do que fala quanto à maneira como fala e à forma como se apresenta. Portanto, tudo que diz respeito ao aprimoramento da pessoa deve despertar o interesse do orador, pois é graças a essa melhora contínua que ele se tornará um modelo vivo a ser ouvido e seguido.

O exercício da liderança

O orador como líder

> Liderar é uma maneira de agir, uma maneira de ser,
> não é algo somente de fora, somente para outros,
> para pessoas famosas. É uma parte natural da vida.
> Liderar é desenvolver a visão do que é possível
> e ser capaz de inspirar outros
> a ajudá-lo a realizar essas possibilidades
> (*Deborah Epelman* – NLP Advanced Trainer).

O orador ocupa cargo de liderança, pois falar a uma plateia é posição de líder. Portanto, é importante que o orador se conscientize de que precisa assumir e desenvolver suas características de liderança: autoconfiança, carisma, velocidade de pensamento, objetividade, clareza sobre suas metas, disposição para ouvir o próximo e, principalmente, estar sempre um passo à frente daqueles que estão sob sua regência, seja um subalterno, seja uma plateia que escuta atentamente.

Algumas pessoas pensam não possuir nenhuma característica de liderança e desejam passar pela vida em paz, sem se expor ou assumir qualquer responsabilidade que resulte de uma posição de comando. Aí a vida as coloca diante de situações nas quais têm de comandar um determinado grupo, e tudo que disserem será levado em conta e a responsabilidade recairá sobre elas por qualquer decisão errada tomada no comando desse grupo.

Essas pessoas precisam entender que na vida, muitas vezes, não temos escolha. Um exemplo é quando constituímos uma família: precisamos assumir uma posição de liderança. É fundamental compreender que, quando somos chamados a falar a uma determinada plateia, sejam nossos filhos, alunos ou subordinados, é necessário pôr em prática nossas características de liderança, que podem existir em maior ou menor intensidade, mas existem.

Alexandre III (356-323 a.C.), mais conhecido como Alexandre, o Grande, é considerado o maior conquistador da Antiguidade. Discípulo de Aristóteles, é também um exemplo de líder que se destacou como orador.

Fonte: *Grandes anedotas da História*, escrito por Nair Lacerda (ver Bibliografia recomendada).
Fonte da gravura: <http://www.historianet.com.br/conteudo/default.aspx?codigo=540>.

O corpo em comunicação

Os cuidados com a aparência e a imagem pessoal devem ser prioridade para todo aquele que deseja falar em público. Só existe uma chance de causar uma primeira boa impressão; portanto, o orador de nossos dias precisa cuidar muito bem de sua postura.

Temos dois tipos de postura: a física e a psicológica. A primeira está ligada à forma como caminhamos, sorrimos, gesticulamos, se ficamos com os braços cruzados ou "largados" ao lado do corpo. A segunda diz respeito à maneira como nos comportamos diante de uma plateia. A nossa postura como orador é resultado da interação dessas duas atitudes. Nosso comportamento é consequência do que pensamos, conceituamos. É uma resposta que damos ao mundo a partir da nossa "visão de mundo", com base na leitura que fazemos de nossa realidade.

É importante encontrar uma postura física adequada, mas ela é resultado de um bom posicionamento psicológico (ou seja, de uma boa postura psicológica) diante de determinada situação. A seguir, apresento alguns tópicos importantes a serem observados em nossa postura global.

Não devemos criar barreiras ao nosso desenvolvimento como seres humanos. Nenhuma característica que possuímos, que não seja própria de nossa natureza ou condição humana, é imutável, portanto, evitemos usar rótulos. Toda vez que usamos um rótulo sentimos necessidade de corresponder a ele. Devemos evitar dizer coisas do tipo: "Sou tímido! Não sei contar piadas!" ou "Sempre fui péssimo em matemática". Ninguém nasce tímido. Todos podemos passar por "momentos de acanhamento" que podem ser maximizados ou minimizados, dependendo apenas de nossa maneira de lidar com isso. Ninguém, por mais desinibido que seja, está livre de passar por esses momentos de acanhamentos; a diferença está somente na maneira como isso é encarado.

É importante ressaltar que aquilo que dizemos a nós mesmos, mesmo que inconscientemente, pode afetar de modo considerável o nosso comportamento. As pequenas frases que pronunciamos diariamente formam a nossa visão de mundo. De acordo com essa visão, respondemos a todo e qualquer estímulo que a vida nos apresenta. Substitua estímulos negativos pelos positivos. Por exemplo: troque a frase "eu não consigo" por "eu vou tentar!". *Fique atento à forma como se comunica.* Autocensura proíbe! Com a autocrítica, você se aprimora enquanto age.

Na comunicação é essencial trabalhar com o aparelho expressivo completo, ou seja: seu corpo, voz, pensamentos etc. – de maneira equilibrada. Falar muito alto ou muito baixo representa um grande ruído na comunicação. Gesticular em demasia ou ficar imóvel, também. O excesso de gestos prejudica a leitura, por parte do interlocutor, do que está sendo dito. E sua ausência pode anular a figura do orador, enfraquecendo a captação de suas palavras. *Evite extremos!*

As imagens acima foram redesenhadas pelo autor, a partir de *cliparts* de domínio público.

Um orador precisa estar sempre bem informado e é recomendável que procure desenvolver sua cultura geral, a fim de que possa estar preparado para os momentos em que necessitará falar de improviso. São esses elementos que contribuirão para o seu desenvolvimento como orador. Uma preocupação constante do orador deve ser a de ampliar seu repertório cultural e "de vida".

Para exemplificar, costumo citar a história de uma aluna que tive, noviça da Congregação das Irmãs Paulinas, que foi visitar sua mãe numa cidade do interior de Minas Gerais. Durante a viagem, ela leu uma poesia a respeito de um rio. Dizia que o rio nascia lá na serra, começava seu caminho, desviando-se dos obstáculos e, em alguns trechos, ganhava força para transpor represas. A poesia terminava afirmando que o sentido da existência do rio era encontrar o mar.

Quando chegou em sua cidade, a noviça foi chamada para ministrar as exéquias no funeral de um morador muito antigo de um vilarejo próximo. A paróquia mais perto ficava numa cidade vizinha e o padre quase não aparecia no vilarejo. Ela, prontamente, atendeu à solicitação dos familiares e foi ao funeral.

Chegando lá presenciou um clima de muita tristeza e dor. O falecido era o patriarca de uma grande família. Possuía muitos filhos, netos e bisnetos, frutos de quatro casamentos. Teve uma vida longa que se encerrou quase aos noventa anos. A noviça se preparou para falar e se sentiu tomada por uma inspiração. Lembrou-se da poesia que falava do rio, e disse:

> Vocês, que vieram aqui para chorar pela morte do sr. Francisco, devem olhar à sua volta e perceber o resultado de toda a sua caminhada. Filhos saudáveis, netos e bisnetos bem-criados. Todos estão tristes com a partida do sr. Francisco, mas não há motivos para dor, pois ele hoje irá ao encontro do Pai. O sr. Francisco nasceu e iniciou sua jornada neste mundo igual a um rio que nasce na serra. Enfrentou obstáculos, mas se desviou e seguiu seu caminho. Gerou afluentes, que geraram outros afluentes. E agora é chegado o momento do rio alcançar o mar. Não represem, com dor e tristeza, este grandioso momento em que o sr. Francisco irá se dissolver no infinito amor de Deus. Deixem que o rio siga o seu caminho e alcance o mar.

Quando terminou, percebeu que o semblante de todos estava mais leve. É claro que todos sentiam a falta do vovô que havia partido, mas a palavra da jovem lhes trouxe o consolo tão esperado. Sua palavra tinha tocado seus corações, aliviando a perda com uma imagem tão bonita e poética, fruto de uma poesia lida a caminho de casa.

Outro fator importante para quem quer melhorar sua oratória é ouvir padrões musicais diversificados. Escute diversos tipos de música para educar os seus ouvidos. Nós somos seres sociais e nosso inconsciente sempre se adapta ao ambiente sonoro que nos cerca. Podemos notar isso quando, ao fazermos uma viagem a outro estado, onde o sotaque é marcante, retornamos falando de modo parecido com as pessoas do local visitado. E isso acontece pela facilidade com que nos adaptamos ao padrão sonoro que nos cerca. Sofremos uma espécie de condicionamento e assimilamos a sonoridade e o sotaque local em nossa forma de nos comunicar. Para evitá-lo, devemos alterar e diversificar o ambiente sonoro ao nosso redor.

Um orador precisa estar livre – "limpo" – da influência de sotaques regionais. Necessita desenvolver uma linguagem padronizada, que esteja adequada a qualquer local, sem perder sua espontaneidade. O estudante de oratória, além de ouvir todo tipo de música, de estilos e ritmos variados para ampliar seu repertório sonoro e evitar um falar monótono, pode ainda ler, diariamente, uma lauda de jornal, em voz alta, para assimilar, naturalmente, a lógica da nossa língua, condicionando a memória auditiva a corrigir erros de concordância, que muitas vezes cometemos quase sem perceber.

> **LEMBRETES**
>
> Evite usar rótulos.
> Fique atento à forma como você se comunica.
> Evite extremos.
> Desenvolva a autocrítica.
> Amplie seu repertório cultural.
> Ouça diversos tipos de música.
> Amplie sua capacidade auditiva.

O olhar

O olhar é uma das principais ferramentas de um orador. É através dele que um orador se relaciona com sua plateia, estabelecendo uma espécie de foco interativo.

Falar diante de uma plateia não é diferente de falar perante um grupo de amigos; o orador experiente conversa com a plateia como se ela fosse uma única pessoa; como se ela fosse uma espécie de personagem coletiva, com diversos olhares. Dessa forma, o orador, quando fala a uma plateia, vai pontuando seu olhar em cada pessoa dessa plateia. O público se sente olhado na figura de quem está focado naquele momento. Da mesma forma que o orador conversa com essa personagem coletiva (a plateia), os ouvintes são induzidos a vestir essa personagem que escuta, atenta, o orador discorrer sobre sua tese.

Há um ditado popular que diz: "os olhos são o espelho da alma". Existe uma grande sabedoria nesta afirmação, pois os olhos representam a nossa principal fonte emissora de energia psíquica. Se seus olhos estiverem sendo sinceros, o público perceberá. Se, por outro lado, seus olhos vacilarem, o público também notará toda a sua insegurança.

Quando um orador está fazendo um discurso e, num momento de dúvida, seus olhos se dirigem para cima (foto 1), sua linguagem corporal demonstra insegurança sobre o que fala, gerando dúvidas na plateia.

foto 1

foto 2

Se o ele olhar para baixo (foto 2), revelará insegurança pessoal, falta de convicção do que diz.

Mas se, ao contrário, o orador mantiver o olhar focado nos olhos da plateia, mesmo quando tiver um "branco" (fotos 3, 4 e 5), a plateia não perceberá o deslize e ficará atenta a todos os seus movimentos, na expectativa do que ele irá expor.

foto 3   foto 4

foto 5

Com o olhar, o orador manterá a plateia sob controle, concentrada em cada um dos seus gestos, respirando com ele.

Os gestos

Os gestos de um orador, na maioria dos casos, são ilustrados por suas mãos. Isso se deve ao fato de elas representarem um dos principais instrumentos de que dispomos em nosso cotidiano. A maioria das ferramentas que criamos só se tornou possível porque possuímos as mãos.

Nossas mãos representam também um importante papel em nossa comunicação, seja escrevendo, desenhando ou dramatizando aquilo que dizemos.

O mais impressionante é que, quando vamos falar em público, temos o hábito de concentrar grande parte de nossa tensão em nossas mãos. É comum aparecer um aluno desesperado com a seguinte indagação: "O que eu faço com minhas mãos?".

Geralmente, eu respondo: "Não faça nada, elas não têm culpa! Não são as 'suas mãos', é você". Elas não estão separadas de seu corpo. Quando você diz algo, seu corpo se expressa como um todo, e suas mãos também vêm em seu auxílio. Deixe-as ao lado do corpo e inicie seu discurso ou palestra. Observe que, aos poucos, elas irão se mover para ilustrar o que você está tentando dizer. Isso ocorre a qualquer momento em nosso cotidiano. Precisamos estar atentos a nossos gestos para evitar que fiquem inadequados (às vezes, sem perceber, fazemos gestos obscenos), mas devemos relaxar para que nossas mãos possam se expressar livremente. É uma ótima oportunidade para trabalhar a concentração, aliada à atenção. Estar concentrado no que diz, porém atento ao seu gestual.

É preciso aprender a se assistir, como se fosse um espectador, vendo o que faz enquanto fala. Isso nada mais é do que um trabalho de consciência corporal, o qual pode ser treinado e desenvolvido no cotidiano, quando conversamos com as pessoas. Só temos de tomar cuidado para que isso não tire a nossa naturalidade. É como adquirir a capacidade de se assistir "de dentro", atento às suas expressões gestuais e faciais. É um trabalho de auto-observação e autoconhecimento, que não exige nenhum recurso mágico ou tecnológico. Sempre condeno os métodos que recomendam ao aluno o uso do espelho em exercícios de oratória. O resultado dessas atividades é, a meu ver, o pior possível. O praticante se torna um orador artificial, com caretas exageradas e expressões padronizadas para determinadas ocasiões. Um orador "sente" quando vai bem num discurso.

A percepção de seu corpo em relação ao espaço no qual atua lhe dá a justa medida de como aliar seu gesto ao conteúdo do que fala. Até porque, quando estiver diante de uma plateia, ele só poderá contar com essa autopercepção, pois não terá nenhum espelho na sua frente.

A organização das ideias num discurso

Desde que comecei a trabalhar como professor de oratória, pesquisei diversas estruturas de discursos. Estudei vários modelos e esquematizei três que, a meu ver, são ideais para quem está se iniciando no estudo desta arte tão antiga. Não os criei, apenas observei as necessidades dos oradores de nossos dias e a maneira como a maioria dos comunicadores – professores, radialistas, palestrantes e políticos – se comunica.

Pude perceber que o perfil dos novos oradores prima por um comunicador mais informal, que estabelece um contato direto com a sua plateia, seja através de veículos da mídia (como o rádio e a televisão), seja numa sala de aula, seja num auditório, com os mais variados tipos de ouvintes.

Esse orador moderno tem, em nossos dias, a necessidade de trabalhar com discursos mais objetivos, que dispensam longas introduções e até fazem uso de alguns conceitos condenáveis pela oratória clássica, como o uso excessivo do pronome "eu" no lugar do "nós" e contar piadas no meio dos discursos. A moderna oratória, a meu ver, deve ter como princípio que, num discurso, tudo é possível, desde que esteja adequado ao perfil da plateia e sirva como ferramenta de elucidação, ajudando o orador a atingir o objetivo ao qual se propôs.

Na realidade os modelos que apresento a seguir não são "receitas" para se fazer um discurso. Constituem apenas esquemas que, se forem corretamente seguidos, darão ao orador liberdade para falar, apoiado numa "estratégia" em que suas ideias estarão organizadas e apresentadas de forma objetiva.

De qualquer forma, é necessário que o orador primeiro faça um rápido estudo da plateia e do ambiente. Os passos, nesse caso, podem ser os seguintes:

ESTRATÉGIA PARA FALAR EM PÚBLICO

Etapas:

1) Defina o perfil da plateia.

2) Estabeleça qual será a sua meta (objetivo). Que ação transformadora você quer provocar?

3) Faça um levantamento das informações (dados, fatos) necessárias para atingir o seu objetivo.

4) Determine a sua estratégia (a forma de abordagem).
Que modelo de discurso irá usar?

A partir daí você estará pronto para trabalhar com qualquer um dos modelos que lhe serão apresentados. Vamos a eles.

Modelos de discurso

1º Modelo – Rápido e objetivo

Este modelo de discurso é indicado para expor um assunto de maneira objetiva, diante de uma plateia que não consegue se concentrar durante longos períodos: seja pela dificuldade de se aprofundar de uma só vez em detalhes do assunto que será exposto, seja porque não dispõe de muito tempo. Considero-o um modelo muito importante, pois quem o domina pode, inclusive, fazer discursos mais extensos dividindo a ideia principal em blocos, para prender a atenção da plateia.

- *Introdução:* o orador inicia cumprimentando a plateia e, se for o caso, já dizendo a que veio. Se preferir, pode se apresentar, falando um pouco de suas qualificações etc. O ideal é que seja rápido, para não dar a impressão de que adora falar de si.

- *Ideia-mãe:* em seguida, o orador apresenta à plateia uma ideia-mãe (frase conclusiva que gera uma ação). Exemplo: "A luz não vem ao mundo para zombar das trevas, e sim para iluminá-las!".

- *Argumentos (tese, desenvolvimento do tema):* após apresentar a ideia-mãe, é hora de justificá-la, explorando o tema. É o momento em que a tese será colocada pelo orador. Exemplo: "Meus amigos e amigas! É muito importante que a pessoa possuidora de algum conhecimento se preocupe em auxiliar o seu próximo menos informado. É comum notarmos que aqueles que têm um pouquinho de cultura assumem uma postura de esnobes e intelectuais, chegando a humilhar os mais humildes....

- *Conclusão – Reafirmação da ideia-mãe:* é o momento de concluir o assunto exposto. Exemplo: "E, dessa maneira, podemos perceber que, para se viver num mundo melhor, devemos melhorar a qualidade do conhecimento de seus habitantes. Pois um sábio que não transmite seus conhecimentos é como uma nuvem que passa e não traz chuva. É por isso que solicito a todos e todas que ajudem os menos esclarecidos, em lugar de esnobá-los e desdenhá-los. Pois a luz não vem ao mundo para zombar das trevas, e sim para iluminá-las! Boa-noite!".

A grande vantagem desse modelo está na simplicidade de sua estrutura. Recomendo a todos que deem prioridade ao seu estudo e aplicação, pois é uma excelente ferramenta para quem deseja falar de improviso. Sem contar que o fato de iniciar e finalizar o discurso utilizando a ideia-mãe dá ao público a sensação de que o orador iniciou e fechou o discurso com naturalidade, simplicidade e elegância.

RESUMO DO 1º MODELO

1. Introdução.

2. Ideia-mãe (frase conclusiva que gera uma ação).

3. Tese – desenvolvimento do tema: argumentos.

4. Conclusão: reafirmação da ideia-mãe.

2º Modelo – Para plateia resistente e dispersa

Este segundo modelo serve para expor um assunto de maneira objetiva, diante de uma plateia resistente e dispersa, com características semelhantes às da plateia anterior, mas com o agravante de não estar disposta a ouvir.

Nesse caso a última coisa que o orador deve apresentar é a ideia principal no início do discurso. Tem de primeiro seduzir a plateia com alguma palavra agradável, como uma piada, uma historinha ou alguma afirmação bombástica que desperte atenção e simpatia. O que o orador irá fazer depende de sua criatividade, desde que tenha a ver com o tema de seu discurso e sirva de gancho para iniciar sua exposição.

Somente no final o orador usará a ideia principal, para concluir, fechar sua exposição. O modelo a seguir tem três fases. Utilizarei como exemplo a fábula da lebre e da tartaruga.

Passos

O orador chega, cumprimenta a plateia e conta a fábula. Toda plateia, por mais resistente que seja, gosta de uma boa história. O orador poderia começar da seguinte maneira:

> Boa tarde a todos! Estava vindo para cá, pensando no tema da minha palestra, quando me lembrei daquela história da lebre e da tartaruga.
>
> A lebre vivia zombando da tartaruga, que era lenta e pesada. Tanto fez que acabou esgotando a paciência da amiga, e esta a desafiou para uma corrida. A lebre, a princípio, não acreditou que a tartaruga estivesse falando sério, mas como ela insistiu muito, aceitou o desafio.
>
> Foi dada a largada e a lebre disparou na frente. Ganhou uma boa vantagem sobre a tartaruga e, encantada com a beleza do caminho, resolveu parar para descansar um pouco e acabou adormecendo. A tartaruga, com seu passo lento e firme, ultrapassou a lebre e ganhou a corrida.

Você usa a história como gancho para iniciar sua exposição. Por exemplo: "Bem, como todos podem observar, a maioria das pessoas não consegue realizar seus objetivos porque se deixa distrair por encantos que acabam por afastá-la desses objetivos...".

Somente no final, quando já expôs sua teoria, o orador pode fechar com segurança a ideia principal. Exemplo: "E é dessa maneira, meus amigos e minhas amigas, que podemos concluir nossa palestra com a seguinte afirmação: 'O caminho mais curto para se realizar muitas coisas é fazer uma só de cada vez!'. Boa-noite!".

Convém alertar que esse segundo modelo de discurso é tentador, mas deve ser usado com economia. É preciso tê-lo como uma "carta na manga", para ser usada em ocasiões especiais. O orador que se vale em demasia do segundo modelo, e abre sempre seus discursos com um "atrativo" no início, corre o risco de ficar conhecido como um "orador previsível". Os ouvintes que estiverem habituados com seus discursos podem fazer comentários do tipo: "Vamos ver qual vai ser a 'historinha de hoje'".

Mais uma vez aproveito para ressaltar as vantagens existentes na estrutura do primeiro modelo. O aluno que tem habilidade para contar histórias pode inseri-las nos argumentos, no desenvolvimento do discurso. A plateia gosta de ser desafiada. Quando um orador habilidoso capta a sua atenção e controla a sua expectativa até o final da palestra, conquista o seu respeito.

RESUMO DO 2º MODELO

1. Introdução.

2. Atrativo (uma história, piada, comentário de jornal etc.).

3. Argumentos (tese, desenvolvimento do tema).

4. Afirmação da ideia-mãe (frase conclusiva que gera uma ação).

3º Modelo – O discurso patético

Agora trataremos do terceiro e mais complexo dos modelos aqui propostos: o discurso patético.

O termo patético vem da palavra grega *páthos* que, de uma maneira geral, significa algum tipo de desarmonia emocional. O substantivo neutro *pathos* é derivado do verbo *paskho*, padecer ou suportar (no sentido de ser afetado). A palavra *páthos* também aparece no mundo grego com o sentido de "experiência" ou "acontecimento".

É comum presenciarmos cenas em nosso cotidiano que nos deixam "desconcertados", sem ação. Essas situações são tão absurdas que não sabemos se rimos ou choramos. Percebemos que tais situações possuem elementos de comicidade bem como de tragicidade. Costumamos dizer que são situações "patéticas".

Pois bem, existe um tipo de discurso que tem a qualidade de provocar o *páthos* na plateia, ou seja, desperta comoção nos ouvintes. Deixa os presentes identificados com a situação e, ao mesmo tempo, desconcertados. São discursos que causam algum tipo de reação, seja uma tomada de consciência, seja de atitude por parte dos ouvintes, profundamente afetados pelo que ocorreu durante o discurso.

Esse estado "patético" é induzido pela habilidade do orador que, é claro, tem um objetivo oculto, o qual só aparece quando a plateia reage, tirando ela mesma conclusões às quais foi conduzida e, consequentemente, buscando uma solução.

O elemento básico para se trabalhar com esse tipo de estrutura é o paradoxo. E o que é um paradoxo? Recorrendo a definições, temos que: "Em sentido amplo, 'paradoxo' significa o que é 'contrário à opinião recebida e comum', ou à opinião admitida como válida. Em Filosofia, paradoxo designa o que é aparentemente contraditório, mas que apesar de tudo tem sentido" (disponível em : <http://www.educ.fc.ul.pt/docentes/opombo/seminario/fregerussel/contradicao_antinomia.htm>).

Ou, ainda: "Um paradoxo é uma declaração aparentemente verdadeira que leva a uma contradição lógica, ou a uma situação que contradiz a intuição comum. Em termos simples, um paradoxo é 'o oposto do que alguém pensa ser a verdade'" (cf. <http://pt.wikipedia.org/wiki/Paradoxo>).

A meu ver, essa palavra pode ser definida como um termo ambíguo, que concilia caminhos contrários, aparentemente, mas que estão integrados e, harmoniosamente, presentes numa situação descrita. É um exercício de lógica, no qual uma descrição objetiva e conceitual não consegue expor a realidade, mas a expressa através de afirmações paradoxais/contrárias. Um exemplo claro de paradoxo está na frase: "Se você tentou falhar e conseguiu, você descobriu o que é paradoxo".

O terceiro modelo é um terreno fértil para o uso de figuras de linguagem (metáforas) e ações que falam mais alto do que as palavras. Um orador que usa esse modelo não se destaca pela quantidade de palavras no seu discurso, mas pela qualidade. Isso se deve ao fato de esse modelo estar ligado à manipulação das emoções da plateia, conforme descrito na definição de *páthos*.

As emoções não podem ser representadas conceitualmente, mas, sim, expressas. Por isso as formas de arte existem. As palavras são tão limitadas para descrever as emoções que, então, o artista se vale de outras formas de linguagem para expor o que realmente sente.

Existe uma anedota relativa ao compositor alemão Beethoven, a qual ilustra isso claramente.

Certa vez, ele tocou uma música ao piano e, quando terminou, viu aproximar-se uma admiradora que lhe disse:

– Mas que música linda! O que o senhor quis dizer com ela?

– O que eu quis dizer? Isto!

E novamente tocou a música. Se Beethoven conseguisse descrever com palavras o que sentia, não precisaria compor a música.

Essa narrativa serve, também, para ilustrar quanto um gesto ou ações bem planejadas e interpretadas com clareza podem auxiliar um orador na defesa de seus argumentos.

Na história da magistratura brasileira há um caso muito interessante que exemplifica como uma ação, aplicada no momento certo, pode dar peso à argumentação de um orador.

Existia, na periferia de uma cidade do interior paulista, um jovem que possuía uma deficiência física em uma das pernas. Todo final de tarde, quando ele voltava do trabalho, as crianças que brincavam numa rua próxima à sua residência corriam em sua direção para ofendê-lo:

– Ôh, Zé Manquinho, Zé Feinho, Zé Manquinho!

Certa vez, ele voltava do trabalho muito cansado, num final de dia muito estressante, quando as crianças correram em sua direção, para ofendê-lo como de costume. Dessa vez a sua reação foi diferente. O jovem pegou uma pedra e atirou na direção das crianças, para assustá-las. Teve o cuidado de mirar acima de suas cabeças, mas uma fatalidade aconteceu. A pedra rebateu numa placa de rua e atingiu uma das crianças na região frontal de sua cabeça. A criança faleceu e o jovem foi levado a júri.

No momento em que iniciou sua defesa, o advogado do rapaz começou a repetir, interminavelmente, a frase de abertura de seu discurso:

– Exmo. Senhor Juiz! Exmo. Senhor Promotor! Prezados jurados e demais pessoas aqui presentes...

Quando estava repetindo a frase pela décima vez, o juiz o interrompeu, impaciente:

– Senhor advogado de defesa, será que vossa excelência poderia parar de repetir essa frase como se fosse um fonógrafo com defeito? Ou vai continuar a zombar deste tribunal?

Só então o advogado continuou com sua estratégia:

– Pois não, Excelência! Veja só o que aqui ocorreu: repeti essa frase pouco menos que uma dúzia de vezes, e esse gesto já foi o suficiente para ofender a Vossa Excelência. Um homem culto, bem preparado pela vida, que goza de respeito e credibilidade junto à nossa comunidade e teve a felicidade de nascer são, sem nenhuma anomalia física. Agora imagine-se na situação do meu cliente. Pobre, deficiente físico, menos favorecido pela sorte, voltando do trabalho e ouvindo, diariamente e ao longo de anos, crianças gritando a plenos pulmões: "Ôh, Zé Manquinho, Zé Feinho, Zé Manquinho!". Será que alguém aqui presente pode jurar, com certeza, que não teria provocado um acidente semelhante ao que meu cliente provocou? Como podemos julgá-lo por esse fato se...

E a partir daí o advogado de defesa prosseguiu, tendo como resultado do julgamento a absolvição do réu.

Esse relato figura, até hoje, como uma das mais brilhantes defesas elaboradas por um advogado.

Estrutura do discurso patético

Vamos agora analisar os passos que deveremos seguir para utilizar o discurso patético.

1. *Introdução*

Ter um objetivo ao iniciar o discurso. Tal objetivo deve estar claro para o orador, mas não precisa ser colocado para a plateia. Por estar falando diante da multidão, o orador já induz a plateia a pensar que ele tem posicionamento, mas não o revela. Isso cria expectativa entre os ouvintes.

2. *Exposição – "ocultar seu posicionamento"*

O orador deverá "falsear" seu posicionamento, levando o público a pensar que ele tem um determinado objetivo, mas mostrando, aos poucos, um outro totalmente oposto ao inicialmente sugerido. Podemos citar como exemplo as palavras de Marco Antônio, ao analisar o seu discurso no funeral do imperador romano Júlio César. O trecho foi extraído da peça "Júlio César", cena II do 3º ato, escrita pelo dramaturgo inglês William Shakespeare.

> Marco Antônio chega diante de um auditório hostil, onde Brutus havia discursado anteriormente, justificando os motivos que o levaram a matar César. Marco Antônio chega com o corpo de César, para diante da plateia, que já se encontra encantada pelos argumentos de Brutus, e pede a palavra:

> – Amigos romanos, compatriotas, prestai atenção! Vim aqui para sepultar César, não para glorificá-lo. O mal que os homens fazem perdura depois deles! Frequentemente, o bem que fizeram é sepultado com os seus ossos! Que assim seja com César! O nobre Brutus vos disse que César era ambicioso. Se assim foi, era uma falta grave e César a pagou gravemente. Aqui, com a permissão de Brutus e dos demais (pois Brutus é um homem honrado, como todos os demais são homens honrados), venho falar nos funerais de César. Ele era meu amigo, leal e justo comigo; mas Brutus diz que era ambicioso; e Brutus é um homem honrado. César trouxe muitos cativos para Roma, cujos resgates encheram os cofres do Estado. César, neste particular, parecia ambicioso? Quando os pobres deixavam ouvir suas vozes lastimosas, César derramava lágrimas. A ambição deveria ter um coração mais duro! Entretanto, Brutus disse que ele era ambicioso, e Brutos é um homem honrado. Todos o viram nas Lupercais: três vezes eu lhe ofereci uma coroa real e, três vezes, ele a recusou. Isso era ambição? Entretanto, Brutus disse que ele era ambicioso, e, sem dúvida alguma, Brutus é um homem honrado. Não falo para desaprovar

o que Brutus disse, mas aqui estou para falar sobre aquilo que conheço. Todos vós já o amastes, não sem motivo. Que razão, então, vos detém agora, para chorar por ele? Oh! inteligência, fugiste para os irracionais, pois os homens perderam o juízo!... Desculpai-me! Meu coração está ali com César, e preciso esperar até que ele para mim volte!

Observem que ele repete que não está ali para glorificar César, mas para sepultá-lo. E, no entanto, ele glorifica César o tempo todo. Repete diversas vezes que Brutus é um homem honrado, mas à medida que vai colocando os fatos, as afirmações constantes sobre a honra de Brutus começam a perder força.

3. Condução – "fornecer elementos conclusivos"

Neste modelo de discurso, o orador pode começar fazendo pequenas afirmações que, a princípio, são claras e inquestionáveis diante dos ouvintes presentes. Essas pequenas afirmações irão conduzir os ouvintes a uma conclusão, que poderá ser uma grande verdade ou uma grande mentira. Dependerá do objetivo "secreto" do orador.

4. Conclusão – "revelação"

Só então, quando a situação fala por si mesma, o orador conclui, posicionando-se junto aos partidários da mesma opinião.

O modelo do discurso patético pode ser aplicado em discursos longos ou curtos, dependendo somente da necessidade.

No caso do discurso de Marco Antônio, foi necessário que ele falasse o suficiente até levantar a turba de cidadãos romanos contra os assassinos de César.

Existem outros casos famosos de oradores que usavam a estrutura do discurso patético de maneira mais objetiva. Podemos citar o episódio bíblico da adúltera.

Cristo estava falando a uma multidão quando os escribas e os fariseus trouxeram uma mulher que acabara de ser pega cometendo adultério (cf. Jo 8,1-11). Mandava a Lei de Moisés que esses casos fossem punidos com apedrejamento. Os escribas e os fariseus, pretendendo expor Jesus, perguntaram a ele o que deveria ser feito. É óbvio que, se Jesus se posicionasse contra a sentença, estaria se colocando contra uma lei sob a qual a multidão que o escutava fora educada.

Jesus, num gesto inesperado, que gerou uma grande expectativa entre os presentes, pôs-se a escrever na terra, aguardando que a pergunta novamente lhe fosse feita. A pergunta lhe foi feita e quando, finalmente, Jesus respondeu, concordou com a sentença e "sugeriu" a maneira como ela deveria ser executada: aquele que estivesse livre de pecados deveria atirar a primeira pedra.

Um a um os acusadores foram se retirando e, diante da multidão, Jesus ergueu os olhos e perguntou à mulher: "Onde estão os que te acusavam? Ninguém te condenou?". A mulher respondeu: "Ninguém, Senhor". Só então, após a situação ter falado por si mesma e a multidão, silenciosa, ter acatado o rumo que as coisas tomaram, Jesus mostrou os fios invisíveis com os quais havia dirigido a situação, e assim falou: "Nem eu te condeno. Vai e não tornes a pecar!".

Jesus, nessa situação, não precisou dizer muito. Ele, assim como Marco Antônio, criou o ambiente para que o povo chegasse a uma conclusão. Inicialmente, ocultando seu posicionamento, conseguiu conduzir o povo a ele, sem encontrar nenhuma oposição.

Pois bem, a estrutura do discurso patético é, antes de mais nada, uma estratégia para se dominar um auditório hostil.

Alguns teóricos afirmam que a multidão é um "monstro sem cabeça" que está à espera de uma para guiá-lo. O orador habilidoso deverá ser essa cabeça.

A multidão deveria ser o maior dos sábios, pois os milhões de olhos presentes nela conseguem enxergar as várias faces de uma mesma verdade; porém, sua estrutura é esfacelada, seu grito é desarticulado e ensurdecedor. A multidão está sujeita às influências impostas pelas necessidades imediatas de uma situação que se instalou.

Essas necessidades acabam distorcendo a visão e a razão do povo, dispersando-as para todas as direções, deixando em seu lugar um monstro impulsivo, faminto e irracional.

Esse monstro condensa toda a maldade, toda a crueldade, toda a injustiça e a irresponsabilidade existente em nós; mas, paradoxalmente, concentra todas as qualidades opostas, sendo necessário apenas um orador consciente para canalizá-las de maneira positiva.

RESUMO DO 3º MODELO

1. Introdução.

2. Definir objetivo – nesse caso, pelo "falseamento" dele.

3. Argumentação/condução: fornecer elementos conclusivos, persuadindo a plateia.

4. Conclusão – "revelação": o orador mostrará o seu real posicionamento.

RESUMO DOS MODELOS – QUADRO COMPARATIVO

Preparação	1º Modelo (passos)	2º Modelo (passos)	3º Modelo (passos)
Estudar a plateia	Introdução	Introdução	Introdução
Definir objetivo	Ideia-mãe	Atrativo (fábula)	Falsear seu objetivo
Pesquisar argumentos	Argumentos tese, desenvolvimento do tema	Argumentos tese, desenvolvimento do tema	Condução: fornecer elementos conclusivos
Definir abordagem	Ideia-mãe (reafirmação)	Frase conclusiva (afirmação)	Revelação – conclusão: mostra seu posicionamento

Persuadir ou convencer

Qual a diferença entre persuadir e convencer? O que é persuasão e o que é convencimento? Muitos pensam ser a mesma coisa. Existem diversos artigos, principalmente de *marketing*, nos quais os autores definem que "convencer significa persuadir".

Vamos analisar com calma esses conceitos:

- *Persuadir* – Etimologicamente vem de *persuadere*, *per* + *suadere*. O prefixo *per* significa de "modo completo" e *suadere*, "aconselhar" (não impor). É o emprego de argumentos, legítimos e não legítimos, com o propósito de conseguir que outros indivíduos adotem certas linhas de conduta, teorias ou crenças. Diz-se também que é a arte de "captar as mentes dos homens através das palavras" (cf. *POLIS – Enciclopédia Verbo da Sociedade e do Estado*. São Paulo, Verbo, 1986).

- *Convencer* – Segundo alguns estudiosos, em grego, a palavra "convencer" tem quatro amplificações de significado: uma determinação autoritária dos fatos; provas inquestionáveis; julgamento decisivo; poder punitivo (cf. <http://geocities.yahoo.com.br/batistacatanduva/11espirito2.html>).

- Já o teórico e educador Paulo Freire interpreta a palavra "convencer" no sentido de *com-vencer*, isto é, vencer com, aproveitando-se de toda a riqueza possível no sentido de incluir, somar, perceber a possível complementaridade (cf. <http://www.inep.gov.br/download/enem/2002/relatorio_pedagogico_2002/rp2002_1.pdf>).

43 •

Na persuasão você faz com que o interlocutor adote, naturalmente, o seu ponto de vista através da sua retórica, da sua capacidade de argumentação. Já no ato do convencimento, existe alguma forma de conflito, de confronto entre os pontos de vista. O interlocutor, ao ser convencido, será também "vencido" pelo ponto de vista do oponente, passando a aceitá-lo conscientemente como verdade.

As técnicas de persuasão se aplicam melhor à oratória e as do convencimento, à escrita. Uma tese, que precisa estar bem fundamentada, com provas e fatos, já tem o sentido claro de convencer. Já o trabalho de persuasão tem de ser direto, com um apelo ao emocional do interlocutor, para que ele se torne um defensor apaixonado da causa do orador.

A historinha abaixo, de minha autoria, ilustra bem essa diferença:

Gabriel era um advogado carismático que tinha o objetivo de se candidatar, nas eleições seguintes, ao cargo de vereador. Estava sempre no meio do povo, exercitando a sua figura pública. Vivia às voltas com as comunidades de bairros, para que nas eleições tivesse garantida a quantidade mínima de votos. Já estava inscrito na legenda de um partido de razoável projeção e tinha, como mentores, políticos experientes, que desde cedo já lhe mostravam o caminho da corrupção, do conchavo e da vida fácil. Seu sonho era, no mínimo, chegar ao senado e, após alguns mandatos, se aposentar com menos de cinquenta anos. O trabalho rendeu frutos e Gabriel foi contemplado, na eleição seguinte, com uma larga margem de votos.
Certa vez, Gabriel recebeu a visita de alguns líderes de comunidade de bairro, que o elegeram e para quem ele prometera mundos e fundos, e até aquele momento não havia feito nada. Armou-se de todos os argumentos possí-

veis e imagináveis para convencer os eleitores de que era um homem íntegro, que estava lutando ferozmente para defender os direitos de seus eleitores. Alguns líderes comunitários o sabatinaram e ele, com invejável habilidade, respondeu a todos, ora com comentários dispersos sobre seus próximos projetos, ora sobre o porquê de algumas promessas ainda não se terem concretizado. Ao final, deixou a todos sem argumentos e com a clara certeza de que todas as perguntas listadas haviam sido respondidas uma a uma. Foi então que um dos representantes da comitiva se levantou e disse:

– Olhe, seu doutor Gabriel, eu sou um homem simples, que não teve o seu estudo e vejo a vida de forma muito clara, por mais que tentem complicar ela pra mim. O senhor respondeu a tudo o que nós perguntamos, tintim por tintim, e a impressão que passou foi de que estava aí, na sua cadeira, lutando contra um gigante de mil cabeças. Mas, lá no nosso bairro, não tem nenhum bicho desses, não. O senhor parece se esforçar demais pra muito pouco. Tudo o que nós pedimos aqui é coisa muito simples. O senhor, com todas essas explicações, nos deixou sem palavras, mas não calou o nosso coração. A gente vai sair daqui hoje com a certeza de que o senhor ganhou a sua causa, mas não convenceu ninguém. A gente continua em dúvida.

Essa é a diferença básica entre persuadir e convencer. O orador que tenta convencer já cria, lá no seu íntimo, uma expectativa, e se coloca numa posição de combate, com uma causa a defender. O público percebe isso e, mesmo que não tenha argumentos para contrapor, sabe que ele está fragilizado, pois precisa ganhar a causa. E o pior é que esse tipo de orador procura agradar a todos, o que é um feito quase impossível. Daí a frase irônica de que o político é aquele sujeito que "fala pelos dois cantos da boca". Já o orador que tem o objetivo de persuadir a plateia usa uma abordagem bem diferente. A começar pela forma como harmoniza as coisas em seu íntimo. Ele não cria expectativas, mas sim possibilidades. As possibilidades existem em função da negociação das partes. Quando o orador visa persuadir, ele tem por alvo o coração da plateia. Seu objetivo maior é extrair daqueles que o ouvem as conclusões a que ele chegou, mas que deverão ser pronunciadas primeiro pelos ouvintes. "Ninguém concorda com a opinião do outro. Nós costumamos concordar com as nossas opiniões ditas pelo outro!" (provérbio chinês).

O orador que procura persuadir a plateia nunca tem como objetivo agradar a todos. Ele se concentra na maioria daqueles que o escutam. Ou seja, em cinquenta e um por cento. Isso é um posicionamento estratégico, usando a técnica para proteger-se, evitando desgaste ou exposição sem necessidade. Ao proceder dessa maneira, ele deixa os outros quarenta e nove por cento dos ouvintes, que ainda não foram convencidos, a cargo da maioria já convencida.

O mais importante nesse tipo de posicionamento é que o orador que pretende convencer a plateia não entra num debate cem por cento seguro de si, com um ar de "sabe tudo". Ele apresenta uma imagem simpática e carismática, em busca de uma solução conjunta, e sua plateia é a principal protagonista, embora seja ele quem brilhe através dela.

A voz

A seguir vamos apresentar, sem muita teoria anatômica, uma sequência de exercícios básicos para a voz, que deverão ajudar o orador de maneira prática e eficiente.

Ressonância

Possuímos, em nosso corpo, três áreas de ressonância que reforçam a voz, fazendo-a vibrar no ambiente. O exercício proposto consiste em pronunciar o som "hum", enquanto se mastiga um chiclete imaginário de maneira circular, para observar como o som vibra na caixa craniana (sons agudos), na caixa metálica, nos seios nasais (sons médios) e na caixa peitoral (sons graves).

Exercícios de desaceleração

Exercício de desaceleração da frase (ou palavra) com ressonância: 1) falar devagar, sem carregar na articulação das palavras. Saborear as palavras através das vibrações provocadas por elas. 2) soltar o ar pronunciando somente as vogais até esse ar acabar. Uma vogal para cada respiração e emissão.

Respiração

Respiração: conscientização, sem indução; deitar-se para sensibilizar a parte inferior do corpo. Sensibilizar com o ar, em ressonância, a colocação do som nas partes "intraorais".

Atenção: não colocar o esforço na garganta; tente evitá-lo.

Procure não respirar pela parte de cima do corpo. Respiração baixa, com o mínimo esforço. Abrir as costelas, jogar o ar nas costas, atrás dos rins e perto das ancas. O comunicador utiliza dois tipos de respiração: a diafragmática (abdominal) e intercostal (respiração nas costelas).

Expirar é Yang, racional e controlado. Inspirar é Ying, basta relaxar que o ar entra naturalmente, sem qualquer esforço. Usar o ar para relaxar. Exemplo: caso se tenha de ficar parado em cena por muito tempo, a tendência do corpo é tensionar. O ideal é relaxar o corpo jogando a respiração nas costas. O foco deve ser colocado na expiração.

Fazer o exercício de relaxar e soltar o ar aos golpes como se fossem socos. Existem dois apoios para se falar com rapidez e trocar o ar: o apoio baixo (barriga) e o apoio das costelas; só se deve usar o apoio baixo em último caso.

Exercícios de respiração
SSSSSSSSSSSS

ZZZZZZZZZZZ

CHHHHHHHHH

JJJJJJJJJJJ

FFFFFFFFFFFF

VVVVVVVVV

Exercitar os sons acima, contraindo o abdome, como se fosse um fole. Observe na figura acima que os nossos pulmões se apresentam com a parte de baixo mais alargada; portanto, quando estufamos o peito, pensando estar enchendo os pulmões de ar, talvez

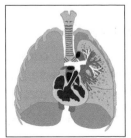

nos esqueçamos de que o ar se aloja mais nas partes inferiores.

Observe as cavidades existentes em nossa caixa craniana na figura ao lado. Os canais de ressonância que podemos exercitar com essas cavidades são os mais variados.

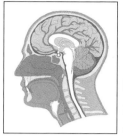

Treinamento para obter fôlego

> *Importante*
> Tentar ler o texto abaixo usando todo o ar que inspirou. Quanto menos inspirações você der, mais fôlego estará desenvolvendo.

Trem de ferro[1]

Café com pão
Café com pão
Café com pão

Virge Maria que foi isso maquinista?
Agora sim
Café com pão
Agora sim
Voa, fumaça
Corre, cerca
Ai seu foguista
Bota fogo

---
[1] Manuel Bandeira. Antologia poética. 8. ed. Rio de Janeiro, José Olympio, 1976. p. 96.

Na fornalha
Que eu preciso
Muita força
Muita força
Muita força

Oô...
Foge, bicho
Foge, povo
Passa ponte
Passa poste
Passa pasto
Passa boi
Passa boiada
Passa galho
De ingazeira
Debruçada
No riacho
Que vontade
De cantar!

Oô...
Quando me prendero
No canaviá
Cada pé de cana
Era um oficia

Ôo...
Menina bonita
Do vestido verde
Me dá tua boca
Pra matá minha sede
Ôo...
Vou mimbora vou mimbora
Não gosto daqui
Nasci no sertão

• 50

Sou de Ouricuri
Ôo...

Vou depressa
Vou correndo
Vou na toda
Que só levo
Pouca gente
Pouca gente
Pouca gente...

Exercícios de articulação

O ato de articular o maxilar para pronunciar as palavras denomina-se escandir, que significa destacar com
clareza as sílabas das palavras.

Pronunciar estas sequências com calma, sem carregar
nas articulações. "Saborear" as palavras. Com o tempo poderá variar a velocidade.

ZÁS	XÁS	VÁS	VRAS	TAS	TRÁS	SAS	RAS	QUAS	PAS
PRAS	NAS	MAS	LAS	JÁS	GÁS	GRAS	FÁS	FRAS	DÁS
DRAS	CÁS	CRÁS	BÁS	BRÁS					
ZÊS	XÊS	VÊS	VRÊS	TÊS	TRÊS	SÊS	RÊS	QUÊS	PÊS
PRÊS	NÊS	MÊS	LÊS	JÊS	GUÊS	GRÊS	FÊS	FRÊS	DÊS
DRÊS	QUÊS	CRÊS	BÊS	BRÊS					
ZIS	XIS	VIS	VRIS	TIS	TRIS	SIS	RIS	QUIS	PIS
PRIS	NIS	MIS	LIS	JIS	GUIS	GRIS	FIS	FRIS	DIS
DRIS	QUIS	CRIS	BIS	BRIS					
ZÔS	XÔS	VÔS	VRÔS	TÔS	TRÔS	SÔS	RÔS	QUÔS	PÔS
PRÔS	NÔS	MÔS	LÔS	JÔS	GUÔS	GRÔS	FÔS	FRÔS	DÔS
DRÔS	QUÔS	CRÔS	BÔS	BRÔS					

ZÓS	XÓS	VÓS	VRÓS	TÓS	TRÓS	SÓS	RÓS	QUÓS	PÓS
PRÓS	NÓS	MÓS	LÓS	JÓS	GUÓS	GRÓS	FÓS	FRÓS	DÓS
DRÓS	QUÓS	CRÓS	BÓS	BRÓS					
ZUS	XUS	VUS	VRUS	TUS	TRUS	SUS	RUS	CUS	PUS
PRUS	NUS	MUS	LUS	JUS	GUS	GRUS	FUS	FRUS	DUS
DRUS	CRUS	BUS	BRUS						
ZAR	XAR	VAR	VRAR	TAR	TRAR	SAR	RAR	QUAR	PAR
PRAR	NAR	MAR	LAR	JAR	GAR	GRAR	FAR	FRAR	DAR
DRAR	CAR	CRAR	BAR	BRAR					
ZÊR	XÊR	VÊR	VRÊR	TÊR	TRÊR	SÊR	RÊR	QUÊR	PÊR
PRÊR	NAR	MÊR	LÊR	JÊR	GÊR	GRÊR	FÊR	FRÊR	DÊR
DRÊR	CÊR	CRÊR	BÊR	BRÊR					
ZÉR	XÉR	VÉR	VRÉR	TÉR	TRÉR	SÉR	RÉR	QUÉR	PÉR
PRÉR	NÉR	MÉR	LÉR	JÉR	GÉR	GRÉR	FÉR	FRÉR	DÉR
DRÉR	CÉR	CRÉR	BÉR	BRÉR					
ZIR	XIR	VIR	VRIR	TIR	TRIR	SIR	RIR	QUIR	PIR
PRIR	NIR	MIR	LIR	JIR	GIAR	GRIR	FIR	FRIR	DIR
DRIR	CIR	CRIR	BIR	BRIR					
ZÔR	XÔR	VÔR	VRÔR	TÔR	TRÔR	SÔR	RÔR	QUÔR	PÔR
PRÔR	NÔR	MÔR	LÔR	JÔR	GÔR	GRÔR	FÔR	FRÔR	DÔR
DRÔR	CÔR	CRÔR	BÔR	BRÔR					
ZÓR	XÓR	VÓR	VRÓR	TÓR	TRÓR	SÓR	RÓR	QUÓR	PÓR
PRÓR	NÓR	MÓR	LÓR	JÓR	GÓR	GRÓR	FÓR	FRÓR	DÓR
DRÓR	CÓR	CRÓR	BÓR	BRÓR					
ZUR	XUR	VUR	VRUR	TUR	TRUR	SUR	RUR	CUR	PUR
PRUR	NUR	MUR	LUR	JUR	GUR	GRUR	FUR	FRUR	DUR

Dicas de boa educação vocal

Com a vida agitada que levamos, o estresse, a falta de sono e, principalmente, o mau uso que fazemos do aparelho fonador afetam de modo considerável a qualidade da voz. "Especialistas calculam que até 30% da população apresente algum tipo de lesão nas cordas vocais. As crianças, por exemplo, manifestam altos índices de calos nas cordas vocais."[2] Um orador, que faz uso frequente da palavra, precisa tomar cuidado redobrado com sua voz.

Abaixo, apresento 17 dicas rápidas para quem deseja uma voz bem cuidada.

1. Quando acordamos, nosso corpo está em estado basal, portanto é preciso diminuir o esforço vocal. Quanto mais frouxa as cordas vocais, mais a voz fica densa. Quando se tenciona as cordas vocais, a voz afina. Então, não se deve gritar ao acordar.

2. Não sair com a voz aquecida na friagem (se o fizer, usar cachecol e não respirar pela boca).

3. Cansaço físico (estafa) afeta a voz. O repouso vocal é importante.

4. Manter o intestino funcionando com regularidade, pois o seu mau funcionamento afeta a voz.

5. Perder o sono também debilita a voz.

6. Não respirar de boca aberta se o local for úmido, como porões, por causa do mofo.

7. O nariz tem a função de purificar o ar. Sempre que não estiver falando, deve-se respirar pelo nariz.

---

[2] Fonte: <http://www.ablv.com.br/i_not03.cfm>.

8. Tomar cuidado com bebidas e alimentos gelados, pois baixam a resistência do corpo.

9. Doces, derivados do leite e mel produzem muito muco (saliva grossa).

10. Chá, sem açúcar, é uma boa opção.

11. Inimigos da voz: chocolate, café e fumo.

12. Maçã é ótima para diminuir a salivação excessiva.

13. Gengibre ou chá de menta podem ser boas opções antes de dormir. Não sair na friagem após tomar estes produtos. Nem falar exageradamente.

14. Não sussurrar: o esforço é o mesmo de quando se fala alto.

15. Usar tapotagem (batidas leves nas costas, com a mão em forma de concha) e fazer inalação quando estiver com o peito cheio de catarro.

16. Sempre que puder, tomar sauna. É um ótimo remédio para a voz.

17. Não forçar a voz em ambiente ruidoso (metrô, sala de TV, bar etc.).

18. Beber, no mínimo, oito copos de água por dia.

Bibliografia recomendada

Livros

ARISTÓTELES. *Arte retórica e arte poética*. Rio de Janeiro, Ediouro, 1983.

BARBOSA, Osmar. *A arte de falar em público*. Rio de Janeiro, Ediouro, 1979.

DYER, dr. Wayne W. *Seus pontos fracos*. Rio de Janeiro, Record, 1983.

LACERDA, Nair. *Grandes anedotas da história*. Rio de Janeiro, Círculo do Livro, 1979.

LA FONTAINE. *Fábulas*. São Paulo, Paumape, 1993.

POLITO, Reinaldo. *Como falar corretamente e sem inibições*. São Paulo, Saraiva, 1996.

RIBEIRO, Lair. *Comunicação global*. São Paulo, Objetiva, 1993.

SIMMONS, Harry. *Falar em público*. Rio de Janeiro, Record, 1983.

Filmes

HENRIQUE V (Henrique V). Direção: Laurence Olivier. Inglaterra, 1944. 138 min. Com Laurence Olivier também no elenco.

GANDHI (Gandhi). Direção: Richard Attenborough. Reino Unido/Índia, 1982. 188 min. Com Ben Kingsley no elenco.

O CLUBE DO IMPERADOR (The Emperor's club). Direção: Michael Hoffman. EUA, 2002. 109 min. Com Kevin Kline no elenco.

PERFUME DE MULHER (Scent of a Woman). Direção: Martin Brest. EUA, 1992. 156 min. Com Al Pacino no elenco.

SOCIEDADE DOS POETAS MORTOS (Dead Poets Society). Direção: Peter Weir. EUA, 1989. 129 min. Com Robin Williams no elenco.

Paulinas

Rua Dona Inácia Uchoa, 62
04110-020 – São Paulo – SP (Brasil)
Tel.: (11) 2125-3500
paulinas.com.br – editora@paulinas.com.br
Telemarketing e SAC: 0800-7010081